RELATION
DE LA BATAILLE DE CAZAL,
DE SON SIEGE LEVE',
ET AVTRES EXPLOITS DE CETTE memorable Iournée.

OV LES ESPAGNOLS ONT PERDV plus de dix mille hommes, douze pieces de Canon, & plusieurs Drappeaux & Cornettes gagnées sur eux: tout leur bagage, mesme l'argent destiné pour la monstre de leur armée, & plus de vingt seruices de vaisselle d'argent.

Par le Comte de Harcourt, General des armes du Roy dans l'Italie.

A PARIS,
Chez SEBASTIEN CRAMOISY, Imprimeur ordinaire du Roy, ruë S. Iacques aux Cicognes.

M. DC. XL.
AVEC PRIVILEGE DV ROY.

RELATION
DE LA BATAILLE DE CAZAL,
DE SON SIEGE LEVÉ, ET AVTRES EXPLOITS DE CETTE memorable Iournée.

LEs faits de Dieu sont merueilleux par tout, mais il reserue ses miracles pour la France: Car non content de l'auoir maintenuë contre tous les efforts de ses ennemis, & toutes les années accreu ses bornes de la despouille de ceux qui la vouloient entamer: il garde mesmes en sa faueur les Estats de ses Alliez, & conserue auec tant de soin la gloire des Lis, qu'il prend ouuertement la protection de ceux qui se retirent à leur ombre. Le Montferrat en a senti nagueres les effets, & se voyant prest à seruir de curée à ce Milan qui le menace depuis tant d'années, s'est veu deliuré pour la troisiesme fois lors qu'il s'y attendoit le moins, par la plus glorieuse bataille qui se soit donnée de ce siecle dans l'Italie.

A ij

APRES tant de preparatifs faits durant tout l'hiuer par les Espagnols pour le siege de Cazal, le Marquis de Léganez assembla toutes ses troupes proche de Breme, de Valence & d'Alexandrie vers le commencement du mois d'Auril, & les fit marcher aussi-tost dans le Montferrat: prenant ses quartiers à Fressinet du Pô, Terruge, Tourriel, & autres villages proches de Cazal: & le huitiesme du mesme mois approchant de plus prés cette place, il en forma le siege & commença d'establir ses quartiers & de faire trauailler à la circonuallation. L'auis en fut donné aussi-tost au Comte de Harcourt par le sieur de la Tour qui commande les armes du Roy dans Cazal. Cette nouuelle ne surprit pas beaucoup ; parce qu'on estoit auerty il y auoit desja quelque temps que le Marquis de Léganez estoit resolu de faire ce siege, & qu'il vsoit de toute sorte d'artifices pour le faire trouuer bon à la Princesse de Mantoüe, & oster aux Princes d'Italie la ialousie qu'ils en deuoient auoir. Mais comme le Comte de Harcourt apprit par les secondes dépesches dudit sieur de la Tour, que les Espagnols ouuroient leurs tranchées d'approche, tirans droit à la Ville & au Chasteau, sans rien entreprendre contre la Citadelle ; & que le President Gabionnette, l'vn des Ministres de la Princesse de Mantoüe & complice de l'ancienne trahison d'Octauian Monteil, estoit dans l'armée d'Espagne, supposant auoir des ordres de sa Maistresse pour conuier les habitans de Cazal de se soumettre à la puissance des Espagnols ; & que vray-semblablement il y auoit quelque faction ou intelligence dans la ville pour ce malheureux effet. Ce Prince craignant quelque surprise, ou que tout l'effort des Espagnols allant contre la ville, elle ne tombast bien tost entre leurs mains, resolut aussi-tost de faire promptemēt assembler ses troupes, & de n'oublier rien pour le secours de cette importante place, dont la garnison Françoise n'estoit pas mesme alors si forte qu'il estoit à desirer.

Pour faire bien tost reüssir ce glorieux dessein, les viures necessaires pour vingt iours sont preparez par le soin du sieur d'Argenson Intendant de la Iustice, Police & Finances dans l'armée, auec la diligence requise, & les ordres donnez pour assembler toutes les troupes du Roy au vingt-vniesme du mesme mois d'Auril à Poirin, où le Comte de Harcourt se rendit auec tous les Officiers qui seruent sous luy dans l'armée: qui seiourna le vingt-deux & vingt-troisiesme pour donner temps à l'execution de quelque entreprise: laquelle ne reüssissant pas, toute l'armée auec les viures & l'artillerie commandée par le Baron de Boisé marche droit à Cazal par Ville-franche, Courtion, Caillan & Liganne, auec telle diligence que le vingt-huictiesme nos gens furent à la veuë du retranchement des ennemis, où il y eut quelques legeres escarmouches seulement, pource qu'on iugea à propos de reconnoistre l'estat du camp des Espagnols & de leurs retranchemens acheuez desia de tous costez, en sorte que la circonuallation estoit faite entierement depuis le bord du Pau vers Fressinet iusques à l'autre costé de la mesme riuiere vers Pont-d'Esture passant par dessus la coline, & se seruant du Ruisseau appellé la Gatola, qui faisoit vne bonne partie de leur retranchement, muni de plusieurs forts & quantité de redoutes. Dés le soir

A iij

du vingt-huictiesme le Comte de Harcourt alla reconnoistre les retranchemens des ennemis, assisté du Vicomte de Turenne commandant la Caualerie, du Comte du Plessis-Praslin Mareschal de camp, & du sieur de la Motte-Houdancourt commandant vn corps particulier de l'armée sous ledit Comte de Harcourt, & encor des Marquis Ville & de Pianezze commandans les troupes de son Altesse de Sauoye, & du sieur de Roqueseruiere Sergent de bataille. Tous lesquels Chefs, apres auoir examiné au Conseil de guerre diuers auis qui leur furent donnés, que le retranchement des Espagnols estoit plus foible & moins acheué depuis le Ruisseau de la Gatola iusqu'au Pau vers Fressinet, qu'ils n'estoient par tout ailleurs, & consideré les auantages que nous pourrions tirer de nostre Caualerie en donnant vers la plaine, il fut resolu de faire l'attaque de ce costé là, & de marcher toute la nuit, en sorte que l'on pust estre proche du retranchement des ennemis à vne heure auant iour, pour y pouuoir entrer plus facilement, & en ouurir le passage à la faueur de l'obscurité de la nuit, & commencer le combat dés la pointe du iour. Mais Dieu qui a conduit par des inspirations secrettes depuis le commencement iusques à la fin ce dessein si important à la liberté de l'Italie, ne voulut pas permettre l'effet de cette resolution, qui nous eust esté fort desauantageuse, parce qu'il a esté veu depuis que la circonuallation estoit beaucoup meilleure de ce costé de la plaine qu'ailleurs, & pour en faire changer absolument le dessein, permit aussi qu'entre tous nos guides il n'y en eut vn seul qui sceust bien le chemin, ny qui voulust entreprendre d'y conduire l'armée durant la nuit : de sorte que le temps, apres le campement fait pour les troupes, s'estant passé si auant dans la nuit, que l'on iugea qu'il n'estoit plus possible d'arriuer auant le iour en ce lieu qui estoit destiné pour l'attaque du costé de la plaine; le Comte de Harcourt iugea absolument necessaire d'entreprendre vne autre attaque le lendemain, & sans remise : de crainte que la chaleur qui paroissoit extraordinaire dans le cœur de nos Soldats, ne vint à se refroidir : ioint l'auis qu'on auoit de quarante pieces de canon parties de Pauie, & arriuées à Verseil, pour garnir tous les Forts de la circonuallation, qui deuoient arriuer dans le Camp le trentiesme. Dés lors par vn secret mouuement du Ciel, car on n'en voyoit point encor de cause apparente, la premiere proposition fut reprouuée, & celle qui auoit esté faite auparauant d'attaquer les ennemis entre la plaine & la coline du costé du Chasteau de sainct Georges, fut remise sur le tapis, & approuuée de tous. Si bien que dés l'instant, qui estoit enuiron la minuit du vingt-huict au vingt-neufiesme du mesme mois, les ordres furent faits pour cette attaque, & le commandement donné au Baron de Boisé pour faire conduire l'artillerie dans les lieux qui auoient desia esté remarquez fort auantageux, pour fauoriser cette attaque, partagée en trois, aussi promptement resoluës : l'vne au milieu du panchant de la plaine à la coline, où seroient le Vicomte de Turenne & le Comte du Plessis Praslin, auec les anciennes troupes de cette armée : l'autre à la gauche tirant plus vers le haut de la coline, que feroit le sieur de la Motthe-Houdancourt auec les troupes qu'il commande; & la troisiesme, à la main droite au de là de la Gatola dans la plaine où seroit le Marquis Ville, & le Marquis de Pianezze, commandans la Caualerie & l'Infanterie de son Altesse de Sauoye, pour faire au moins quelques diuersions, si le lieu & l'occasion ne leur pouuoit permettre de faire dauantage. Tout le reste de la nuit s'employe à acheuer de faire des fascines, & à cõduire dix pieces de nostre Canon aux lieux remarquez: Ce qui fut fait si à propos, que l'effet & le seruice en parut depuis tres-considerable pour le gain de la bataille. Et parce qu'il faloit passer le ruisseau de la Gatola, auant que d'arriuer au lieu où l'on auoit resolu de donner dans le retranchement des ennemis aux deux attaques du milieu & de la gauche; le sieur de Rocqueseruiere Sergent de bataille, prit le soin auec la Riuiere Commissaire de l'Artillerie, de faire accommoder vn pont que les ennemis auoient rompu sur cette petite riuiere, dont ils faisoient garder le passage par leurs gens, qui en furent delogez apres quelque legere escarmouche. Desorte que ce pont estant fait, & toute l'armée en bataille dans les postes iugez à propos pour l'execution du dessein; le Comte de Harcourt qui estoit à la teste de tout, fit passer le sieur de la Motte-Houdancourt le premier sur ce pont auec son regiment d'Infanterie & celuy de Villandry, suiuis de six regimens de la Caualerie qu'il commande: qui sont Enguien, Beauregard, la Luzerne, du Terrail, sainct André & Marsin. Tous lesquels pousserent par diuerses escarmouches & autrement, les ennemis qui s'estoient auancez pour conseruer l'eminence de sainct Georges que les nostres gagnerent, pendant que les sieurs de Turenne & du Plessis-Praslin passoient le mesme

pont

pont auec le reste de nostre Infanterie & de la Caualerie, qui se mit en bataille dãs le milieu entre la plaine & la colline. D'où sept cens Mousquetaires détachez de l'Infanterie de ce corps furent promptement auancez, & marcherent auec telle resolution, que les ennemis, apres quelques mediocres escarmouches, retirerent dans leur retranchement vn grand corps de Caualerie & d'Infanterie qu'ils auoient fait sortir de leurs lignes, à la faueur de deux ou trois grands fossez qui ne se passoient qu'en défilant, & de certains petits trauaux qu'ils auoient encores faits hors de leurs retranchemens. Si bien qu'en fort peu de temps nos bataillons soustenus de la Caualerie commandée par le Vicomte de Turenne, prirent le champ que les ennemis abandonnerent, & se trouuerent presque auoir gagné dans vn moment ce qui pouuoit les amuser vne iournée entiere. Pendant que ceux-cy des nostres prenoient cet auantage, le corps de l'aisle gauche commandé par le sieur de la Motte s'auança aussi proche du retranchement des ennemis plus haut vers la colline, & en ce mesme temps le Comte de Harcourt ayant commandé que l'on allast droit au retranchement, le Comte du Plessis-Praslin obeïssant à cet ordre, fit donner les bataillons de l'Infanterie composez des regimens de Nerestang, de sainct Pol, commandez par ledit sieur de sainct Pol Maistre de Camp, & Chomel Capitaine dans Nerestang, de celuy de Maugiron commandé par la Leuretiere Capitaine, & des gardes Françoises & Suisses qui en faisoient trois, commandez par les sieurs du Bourdet, de Froulé, & de Guibly, aussi Capitaines. Mais tout cela fut receu par vne si furieuse salue de mousquetades de la part des

B

ennemis, qui tiroient de quatre pas derriere leur retranchement, & d'ailleurs le fossé se trouua si profond, que ceux des nostres qui s'estoient iettez dedans, ne pouuans monter, ny les autres soustenir ce grand feu continuel, ioint à la resistance que firent les ennemis à coups de picques, ils furent obligez de se retirer, non pas en arriere, mais en coulant plus haut le long du retranchement pour chercher vn autre passage : ce qui ne se pût faire sans quelque desordre, qui dura pourtant fort peu, d'autant que le Comte de Harcourt ayant tout rasseuré par sa presence, & le sieur du Plessis-Praslin ayant rallié promptement les bataillons qui s'estoient renuersez, l'on donna iusques à trois fois dans le retranchement, sans pouuoir l'emporter ; le mesme desordre arriuant tousiours par ses mesmes causes. En cet instant le Comte de Harcourt se trouuant sur l'aisle de la gauche, où estoit le sieur de la Motte auec ses regimens d'Infanterie & de la Caualerie qu'il commande, rencontra si à propos le regiment de la Motte, que le sieur de Rocqueseruieres faisoit marcher droit au retranchement par l'ordre du sieur de la Motte, que ledit Comte de Harcourt, apres auoir commandé de donner, executant le premier ses ordres, fit luy-mesme sauter son cheual par delà la ligne des ennemis huict ou dix pas plus haut. Le sieur de Rocqueseruieres qui n'estoit pas si bien monté ne le pût suiure, & fut contraint de monter en coulant encore vn peu plus haut le long du retranchement, où il trouua vn passage proche d'vne casine, par lequel il entra auec ledit sieur de la Motte & sa Caualerie.

Cependant le Comte de Harcourt, genereusement suiuy du régiment de la Motte, pouſſa tout ce qui ſe preſenta deuant luy; & bien qu'en pourſuiuant ainſi chaudement les ennemis qui fuyoient à ſon abord, ſon cheual s'embarraſſaſt dans vn foſſé de vigne, & s'abatiſt en ſorte que ſa jambe demeurant engagée dans la boüe, il y laiſſa ſa botte; cela ne retarda point ſon execution, ains ſe releuant pourſuiuit touſiours ſa pointe. Dans ce meſme temps, le Comte du Pleſſis-Praſlin, & le Vicomte de Turenne entrerent auſſi dans le retranchement; chacun croyant à peine ce qu'il voyoit: aſſauoir qu'vne Infanterie repouſſée trois fois retournaſt encore au combat pour la quatriéme, & entrant ſi vigoureuſement pouſſaſt & chaſſaſt auec l'ayde de la Caualerie tout ce qui ſe preſentoit deuant elle dans ſes lignes. On dit que la nouuelle de ce coup ineſperé abbatit le courage du Marquis de Leganez. Toutesfois ce ne fut pas encore tout. Les ennemis qui auoient grande quantité de Forts garnis d'Infanterie, ſe trouuans ſoûtenus de celuy qui eſtoit à la main droite ſur la Gattola, firent vne ſi furieuſe décharge que ce grand feu mit vn peu nos gens en deſordre, ce qui eſtant apperçeu du Comte de Harcourt, il s'en alla droit à eux ſuiuy de la Caualerie de Cazal, qui l'alla ioindre auſſi toſt qu'il fut entré dans le retranchement, & aſſiſté du Comte du Pleſſis-Praſlin, il attaqua ce Fort qui fut bien toſt gagné ſur les ennemis. Cependant le Vicomte de Turenne voyant deuant luy vn corps de Caualerie, qui paroiſſoit au moins de trois à quatre mille cheuaux, s'auiſa de mettre toute ſa Caualerie en vn front, qui ſembloit ſi grand & couuroit ſi bien tout le derriere, que les ennemis iugeans que ce corps eſtoit ſoûtenu encores de quelque autre corps de Caualerie conſi-

B ij

derable, ne firent plus que penser à leur retraitte dans la plaine, vers les trois Piliers & Freſſinet, de ſorte que durant tout le reſte du combat de ce coſté-là, les ennemis n'oſerent ſe reſoudre à faire autres efforts que des fauſſes charges, pour donner temps à leurs Dragons & à leur Infanterie de ſe retirer peu à peu derriere eux, apres auoir fait leurs deſcharges qui eſtoient neantmoins tres furieuſes, d'autant qu'à meſure qu'ils ſe retiroient, il ſe retrouuoit des corps d'Infanterie tout frais, ou dás leurs Redoutes ou dans leurs Forts. Noſtre Caualerie chargeant les ennemis en leur fuite, ne pût attendre noſtre Infanterie qui ne pouuoit ſuiure aſſez viſte, parce qu'il eſtoit à craindre qu'en faiſant alte, les ennemis ne recôneuſſent leurs forces bien au deſſus des noſtres, ce qui fit que l'on les ſuiuit touſiours ſur vne ligne, auec toute la Caualerie commandée par le Vicomte de Turenne, & quelques pelotons de Mouſquetaires auec nos Dragons, & les Carabins de ſon Alteſſe, qui ſeruirent ſi bien que les ennemis ne peurent iamais faire aucun corps de leur Infanterie, qui s'en alla touſiours en deſordre apres leurs premieres deſcharges : aux lieux meſmes où eſtoient leurs gens frais, leur Caualerie tourna ſouuent pour faire teſte, & pour faciliter leur retraitte, dans laquelle par les deſcharges continuelles de nos Mouſquetaires, Dragons, & Carabins, ils ont fait grande perte de leurs gens. Les troupes de ſon Alteſſe de Sauoye compoſées des regimens de Maroles, de Senantes, & de Croles, commandées par le Marquis de Pianezze, & de la Caualerie commandée par le Marquis Ville & le Comte de Verruë, pendant le combat s'auancerent auſſi pour paſſer le ruiſſeau de la Gattola, qui ſeruoit de retranchement aux ennemis dans la plaine du costé de Teruges; & voyant le Comte de Harcourt engagé deuant ce grand corps des ennemis qu'il poussoit ainsi deuant luy, le Marquis de Pianezze fit prendre deux Cassines ou masures assez proches de ce retranchement de la Gattola, & y enuoya vn des bataillons de Senantes commandé par Saltrun, Lieutenant Colonel de ce regiment, qui fit si grand feu qu'il obligea les ennemis de tourner à luy : mais pressez par le Comte de Harcourt qui les combatoit dans leur retranchement, ils furent contraints d'abandonner vn de leurs Forts qui estoit au pied de la coline, duquel lesdites troupes s'estans emparées par deux fois, on racommoda promptement vn petit pont de bois sur lequel les Marquis Ville & de Pianezze, & le Comte de Verruë auec leur Caualerie, & le reste de l'Infanterie de son Altesse passa la Gattola au mesme Fort, où le regiment de Tauannes commandé par le sieur de Tenissé demeura pour le garder. Ces troupes de son Altesse arriuerent fort à propos pour soustenir les nostres qui poursuiuoient ce grand corps de Caualerie des ennemis, se retirans tousiours à la faueur de leurs Forts vers le quartier des trois Piliers, par lequel ils sortirent de leurs retranchemens se retirans vers Fressinet de Pau, suiuis tousiours du Comte de Harcourt, & de tous les autres Chefs susdits, qui ne les abandonnerent qu'à la nuict, & les presserent de sorte qu'il y en eut grand nombre noyé dans le Pau. Pendant toute cette glorieuse action qui s'estoit faite dans la plaine, le sieur de la Motte-Houdancourt qui estoit entré dans le retranchement auec le Comte de Harcourt vers la coline, apres auoir fait charger & pousser par le sieur de la Luzerne tout ce qui s'estoit pre-

B iij

senté des ennemis deuant luy hors les lignes, & auoir luy mesme taillé en pieces l'Infanterie Espagnole qui s'estoit rencontrée dans le retranchement, & chargé aussi ce qui parut de Caualerie pour la soustenir, iugeant que ledit sieur de la Luzerne, à qui il auoit enuoyé commander par le sieur Nestier de charger tout ce qui se trouueroit opposé à luy auec trois regimens de Caualerie qu'il commandoit, pourroit estre engagé par les ennemis, marcha en grande diligence iusques au haut de la coline, & de là dans la pleine vers Pont Desture, où il trouua que ledit sieur de la Luzerne auoit poussé les ennemis apres les auoir chassé de leurs forts, & en auoir tué plusieurs : toutesfois ledit sieur de la Motte y arriua fort à propos, car les ennemis qui voyoient les nostres engagez au butin, commençoient à se ralier, mais ils furent bien tost dissipez & défaits par ledit sieur de la Motte qui les poursuiuit iusques au Pau, vers Pont Desture, où il y en eut grand nombre de tuez & noyez. De là ledit sieur de la Motte reuint dans la plaine vers Fressinet, où il trouua le Comte de Harcourt poursuiuant encore les ennemis, mais la nuict arriuant empescha qu'on ne se preualust dauantage de leur fuite : car bien que la bataille eust commencé peu apres midy, elle dura iusques à la nuict close. Les ennemis confessent auoir perdu cinq mille hommes en cette bataille, mais il est asseuré que leurs morts ou prisonniers se montent à plus de six mille. Ils ont perdu douze pieces de canon, à sçauoir huict gagnées dans les batteries, & quatre pieces qu'ils pensoient sauuer par dessus le pont qu'ils auoient sur le Pau, qui rompit sous le faix des pieces & des fuyars, auec plusieurs Cornettes & Drapeaux. On prit encore six mortiers à ietter bombes, toutes leurs munitions de guerre qui ont esté bruslées par eux mesmes, ou prises par les nostres, toutes leurs bombes, le bagage du Marquis de Leganez, ceux de ses Secretaires, & des autres Officiers principaux, logez en son quartier sur la coline, quelque argent des Tresoriers, vingt-quatre Drapeaux & quatre Cornettes qui furent prises par la Caualerie, commandée par le sieur de la Motte, qui donna sur le haut de la coline. Il y auroit eu beaucoup plus de Drapeaux gagnez sur eux en vne si grande défaite, mais les cinq regimens d'Espagnols naturels défaits entierement, auoient laissé leurs Drapeaux à Valence, ce qui monstre qu'ils sont fort preuoyans. Nous auons quinze cens soldats prisonniers, dont il est desia mort beaucoup de leurs blesseures, grand nombre d'Officiers de toutes conditions ont aussi esté pris. Entre lesquels sont le Commissaire general de la Caualerie, le Marquis Dom Francisco de Luna Mestre de Camp Espagnol, Dom Fraille Lieutenant du Mestre de Camp general, vn Sergent Major Espagnol, Dom Diego de Sauedra Capitaine de Caualerie, le Comte de Saraual Capitaine de Cheuaux legers du Prince Thomas, & plusieurs autres Capitaines & Officiers Espagnols, les noms desquels ne nous sont pas encore cognus, deux principaux Commis du Secretaire de l'Estat de Milan nommé Patino. Le Comte Macetti y a eu le bras rompu d'vn coup de pistolet, qui luy fut tiré par le Comte de Harcourt, aprés qu'il eut sauté le premier dans les retranchemens : l'Abbé Vasques s'est sauué, on ne sçait comment, on dit qu'il s'estoit noyé dans le Pau auec le Comte de Montisel: Dom Diego de Luna

B iiij

Lieutenant Colonel de la Caualerie de l'Eſtat de Milan eſt mort ſur la place, auec le Comte Philippes Bolognini Capitaine de Caualerie, Carpan Capitaine des Cuiraſſiers, & Pompée Halard Capitaine des Carabins. Preſque tous les Officiers de leur Artillerie ſont morts, pris, ou bleſſez, il n'y a que le General & le Lieutenant qui ſe ſoient ſauuez. Le Marquis de Cauaſſenne General de Caualerie des Cuiraſſiers de l'Eſtat de Milan eſt bleſſé à mort, & pluſieurs autres de marque, comme on a ſceu par le rapport d'aucuns des ennemis qui ſont venus ſe rendre à nous, ou chercher ce paſſage pour ſe retirer dans leur pays. Le Marquis de Leganez s'en alla d'aſſez bonne heure du coſté de Freſſinet. Parmy les papiers ſe trouue le duplicata d'vne lettre que le Comte de Syronella, qui eſtoit dans le camp des Eſpagnols deuant Cazal, auoit eſcrite au Comte Duc d'Oliuarez le vingt vnieſme d'Auril dernier, par laquelle en luy rendant compte des bonnes & certaines eſperances auec leſquelles ſe continuoit le ſiege de Cazal, il adiouſte qu'ils deſiroient extrémement que le Comte de Harcourt vint pour ſecourir cette place, d'autant que ce ſeroit aſſeurer au Roy d'Eſpagne deux ſuccez conſiderables, à ſçauoir le gain d'vne bataille, & la conqueſte de Cazal, & que iamais aſſiegeans n'eurent tant de crainte d'vn ſecours ennemy que ceux cy le deſiroient. Le ſuccez ſi contraire à ſes paroles arrogantes, monſtre combien Dieu hait & chaſtie volontiers les preſomptueux. Auſſi n'eſtimay-je pas à propos de vous repreſenter icy les vanitez ny les flatteries que le Marquis de Leganez ſouffrit luy eſtre faites à ſon partement de Milan, veu qu'il faut eſtre plus modeſte qu'eux, &

qu'on ne veut pas leur reprocher la honte ny la confusion où ils ont esté iettez par la main de Dieu, duquel nous confessons tenir cette glorieuse victoire: de la perte de laquelle le Marquis de Leganez est reduit à tel desespoir, que les derniers de son party qui se sont venus rendre à nous, l'ont laissé entre deux Capucins qui ne le peuuent remettre. Les enfans perdus des Compagnies des Gardes du Roy estoient en cette occasion conduits par le sieur de Vieux-bourg Capitaine, qui a esté tué prés du retranchement, & par le sieur de Villefrit Lieutenant blessé d'vne mousquetade à la main gauche, & par d'Artagnan & Meneuille, aussi Lieutenans, & Pruneloy blessez legerement, & Bouffaliny Enseignes, qui on fait tres-courageusement. Le sieur du Bourdet qui commandoit les corps entiers des Gardes Françoises, a esté blessé de vingt-deux coups, dont il n'y en a aucun qui soit mortel. Le sieur de Villebleuin Lieutenant aux Gardes, & fils du sieur du Tremblay Gouuerneur de la Bastille, & Buisson sieur de saincte Iuliete Enseignes ont esté tuez en faisant le deuoir de gens de cœur: Laliuaut, & Vendenay aussi Enseignes ont esté blessez. Le sieur de Lamezan Lieutenant de Bourdet, faisant la charge de Sergent Major au regiment des Gardes a dignement seruy en cette occasion, sur tout pour faire les raliemens. La Ioyeuse, Lambert, la Prayrie, Montoison & Pascal Sergens, & plusieurs Soldats de ce mesme corps ont esté aussi tuez ou blessez en faisant vaillamment. Les cent quarante hommes tirez de Nerestan & de sainct Pol, estoient commandez par Cristage Capitaine, & d'Escayeux aussi Capitaine, qui ont esté tuez, & par Sauueur Lieutenant. Le sieur de sainct Pol Maistre de Camp qui commandoit le bataillon a esté blessé d'vne mousquetade à la cuisse: Bailly Capitaine blessé de deux coups de pique dans le corps, Colombier, Melat Capitaines, & Fresny Lieutenant blessez: & Vanelle Capitaine, & la Monsonniere Lieutenant tuez: Colombot Capitaine a esté blessé en conduisant les cent hommes tirez du bataillon de Maugiron, commandé par la Leuretiere qui a receu deux mousquetades fauorables dans son plastron: Gallet Enseigne y a esté tué, & Boulé Lieutenant du mesme regiment y a esté blessé. Les hommes tirez du regiment de Roussillon estoient commandez par du For & de la Garde Capitaines, & Fontagie Lieutenant, & Prouio Enseigne. Le sieur de la Baume Lieutenant Colonel de Roussillon commandant ce bataillon a esté tué auec d'Establez Capitaine. Les cent hommes d'Halincourt estoient conduits par les sieurs sainct Martin & Rageat Capitaines & Vernatel Lieutenant Colonel commandoit ce corps: La Prée Capitaine au regiment d'Enrichemont, s'estant trouué en cette occasion auec la recreuë de sa compagnie, fut ioint au bataillon du regiment de Maugiron, & y a bien fait. Du Parc & la Motte Majors de Nerestang & de Maugiron, ont fait la charge de Sergens Majors des Brigades, & seruy en gens de cœur & intelligens au mestier: le premier a esté blessé. Les regimens de Villandry & de la Motte commandez le premier par Boiscanto, & l'autre par Arsonual, ont fait leur deuoir: le mesme Boiscanto Capitaine de Villandry, la Garde, & Boreussé Lieutenans, & Parfontaine Enseigne y ont esté blessez, & Montachet Capitaine & la Plante Lieutenant tuez, & Sesiournay Lieutenant de la

Motte a esté blessé. Le ieune Bellay Escuyer du Comte de Harcourt, & Mondreuile Lieutenant de ses Gardes ont esté blessez au bras, & la Perle Trompette à la cuisse & à la iambe: Riola, sainct Sauueur & Pradat du regiment de Nerestang ont esté aussi blessez: Chaumel le fils du Capitaine du mesme regiment à esté tué. Anchez, vn Enseigne, vn Iuge, & deux autres petits Officiers des Gardes Suisses ont esté blessez à mort. Saltrun Lieutenant Colonel du regiment de Senantes a esté blessé, & vn Enseigne y est mort. Il n'y a eu que le Cornette de Magaloty, des Officiers de nostre Caualerie blessé, & vn Capitaine, & le Capitaine Lieutenant de Marcin qui ont esté tuez: mais plusieurs Caualiers des nostres ont esté tuez ou blessez, & beaucoup de leurs cheuaux tuez sous eux. Le Baron de Canillac, Sainctes, la Sale, & Magaloty ont tres-bien fait en cette occasion, le dernier ayant fait plusieurs prisonniers sur les ennemis: Seransse, de Brondon, de Monteil, Murat, la Neufuille, & d'autres Officiers de la Caualerie commandée par le Vicomte de Turenne, y ont aussi bien fait. Le sieur de la Luzerne a tres-dignement seruy: les Officiers & Caualiers du Regiment d'Enguien, comme aussi ceux de Beau-regard, de sainct André, de la Luzerne, du Terrail, & de Marcin, y ont tres-bien fait leur deuoir, & le sieur de Gemar Lieutenant Colonel de Marcin s'est signalé particulierement. Les sieurs de sainct Mesmin, Descageant, le Comte de Cumianne, & le sieur de la Moissie Viuien Capitaine Major au regiment de la Douze, en qualité de volontaires ont tousiours suiuy le Comte de Harcourt, & seruy dignement en toutes les occasions. Le sieur de Nestier auec des gens tirez de diuers bataillons a soustenu hardiment les trauailleurs qui faisoient le pont sur la Gattola, d'où il chassa les ennemis par vne escarmouche fort bien conduite. Les sieurs d'Entremaux, & d'Argecourt Aydes de Camp, & le sieur de Bellay qui en a aussi fait la charge, se sont monstrez non seulement vaillans, mais capables de faire agir les autres. En vn mot, il n'y a personne depuis le General iusques au moindre des Officiers & Soldats de l'armée qui n'ait fait son deuoir, & qui n'ait merité quelque loüange particuliere dans le recit de cette glorieuse action, après laquelle toute nostre armée campa sur le champ de bataille & dans les mesmes retranchemens des Espagnols, d'où ils auoient esté chassez si honteusement.

DEPVIS la premiere publication de cette Relation, l'on a escrit qu'il demeura sur la place plus de trois mille des ennemis, qu'il s'en noya bien deux mille, qu'il y en a eu cinq à six cens blessez, & plus de quinze cens prisonniers: & que le principal eschec est tombé sur leurs Officiers, qui sont presque tous morts, ou prisonniers. Mais les dernieres nouuelles asseurent, que l'on a sceu par des Caualiers des ennemis, qui se sont rendus dans nostre armée, qu'ils estiment leur perte à prés de dix mille hommes: & que l'argent destiné pour la monstre de leur armée y a esté pris, auec plus de vingt seruices de vaisselle d'argent. A quoy s'accordent aussi toutes les lettres que l'on reçoit d'Italie, escrites par personnes indifferentes.

www.ingramcontent.com/pod-product-compliance
Lightning Source LLC
Chambersburg PA
CBHW060636050426
42451CB00012B/2618